CREDO

DU MÊME AUTEUR

aux Éditions Balland

Les petits mots inconvenants

aux Éditions R. Laffont

Lézard, *roman*
L'alliance, *roman*
Les vacances de M. Hulot
Mon oncle *(d'après les films de Jacques Tati)*
Viva Maria, *roman*
Le pari, *essai*
Mon dernier soupir, de Luis Buñuel

En collaboration avec Pierre Etaix

Le petit Napoléon illustré, *album*

En collaboration avec Guy Bechtel

Le dictionnaire de la bêtise
Le livre des bizarres

En collaboration avec Daniel Vigne et Natalie Davis

Le retour de Martin Guerre, *roman et essai.*

aux Éditions J'ai Lu

Les plus belles lettres d'amour, *anthologie*
L'humour 1900, *anthologie*

Jean-Claude Carrière

CREDO

BALLAND

Avant-propos

En 1866 parut à Paris un ouvrage très singulier, dû à un jésuite, le R. P. Lefebvre, et intitulé *De la folie en matière de religion.*

L'auteur y expose une théorie nouvelle, très simple, appelée à un grand avenir. Théorie qui peut se résumer ainsi : les athées sont des fous.

Le jésuite raconte une illumination surnaturelle qui le frappa en 1852 et qui lui révéla l'arête même de son livre : tous ceux qui ne partagent pas la foi catholique sont des fous. Au lieu de les maudire ou de les combattre, il importe donc avant tout de les soigner.

Tout pénétré de cette certitude, le père jésuite se mit à étudier les traités des aliénistes de son temps, Pinel, Esquirol. Il entra en contact avec des spécialistes et leur exposa son idée. « Ils en parurent étonnés d'abord, dit-il, puis satisfaits. » Il écrivit alors son livre, où il préconise l'enfermement et les douches froides pour venir à bout de l'athéisme – en supprimant bien entendu les mauvaises lectures et les fréquentations pernicieuses.

Très intéressante nous apparaît aujourd'hui sa classification des athées, divisés en croyants et incroyants, parmi lesquels on remarque les protestants et les juifs (tous fous, tous à soigner au cabanon), les matérialistes et les panthéistes, ceux-ci considérés comme les pires de tous et déclarés résolument incurables.

On peut tenir aujourd'hui le père Lefebvre – qui bien évidemment nous semble fou – pour un vrai précurseur. Il a ouvert une porte fascinante sur les temps modernes. De nos jours, où des groupes de psychologues américains parlent de soigner tous les subversifs sociaux – des terroristes aux simples grévistes – comme des malades mentaux qui s'ignorent, et où cette technique thérapeutico-idéologique a pris dans les pays de l'Est l'importance que chacun connaît, il est fort instructif de lire l'étonnant traité du père Lefebvre. On y découvrira, avec autant d'amusement que de terreur, un visage inattendu du fanatisme.

Je gardais depuis des années un article du *Monde* racontant la triste aventure de l'historien ukrainien Valentin Moroz, arrêté, longuement interrogé et pour finir interné comme fou parce qu'il croyait en Dieu – au demeurant, depuis une dizaine d'années, nous sommes sans nouvelles de Moroz.

Credo est une tentative pour reconstituer ce dialogue perdu, en essayant de donner aux uns et aux autres les meilleurs arguments possibles. Tous les personnages sont de bonne volonté. Chacun veut aider l'autre. Mais un système rigide, une certitude de vérité, un rapport de forces, une impossibilité presque physique d'admettre des idées différentes entraînent l'inévitable enfermement. Il ne s'agit ni d'un documentaire, ni d'un pamphlet politique, ni d'une déclaration de foi. Mais de quoi que l'on parle, on parle toujours de la liberté de parler.

Depuis *La Voie lactée* de Buñuel, qui

date de 1968, je cherchais une occasion de reprendre, d'une autre façon, le plus ancien et les plus féroce des thèmes, l'hydro du « j'ai-la-vérité ». *Credo* est né de la rencontre d'un fait divers contemporain et d'un livre obscur du siècle dernier. Une de ces coïncidences qui enchantent la petite histoire, à défaut de modifier la grande.

Jean-Claude Carrière

Un homme encore jeune – quarante, quarante-cinq ans – s'avance dans le couloir d'un bâtiment officiel. Ce couloir est vitré d'un côté et donne sur un jardin, qu'on devine à peine, et plus loin sur la rue. Sur le mur opposé on voit, entre les portes, des panneaux d'affichage où sont accrochés des papiers, des avis, des annonces.

Un policier en uniforme gris accompagne l'homme qui s'avance. A un détour du couloir celui-ci s'arrête, ne sachant où aller. Le policier lui indique du doigt une direction. Ils repartent.

Ils passent devant une porte de part et d'autre de laquelle attendent deux hommes et une femme assis sur des chaises. L'un des deux hommes parle à voix basse avec la femme. L'autre homme lit un livre de poche.

Celui qui s'avance en compagnie du policier est très correctement vêtu. Ses cheveux sont courts, il porte cravate. Il a de l'aisance dans ses manières. Sans doute un homme cultivé et bien installé dans la vie.

Quelque part dans le couloir se trouve un buste de Karl Marx.

Les deux hommes arrivent au fond du couloir et s'arrêtent devant une porte. Le policier fait signe à l'homme d'attendre un peu et frappe à la porte.

Il entre et referme la porte derrière lui, laissant l'homme seul.

Celui-ci s'approche de la baie vitrée et regarde un instant au-dehors.

Devant les bâtiments officiels il voit un jardin planté d'arbres et plus loin la rue.

C'est une image neutre, plutôt agréable, qui rappellerait l'Europe de l'Est. On aperçoit quelques enfants qui jouent dans le jardin et, dans la rue, des voitures.

Le policier ressort du bureau et dit à l'homme qu'il peut entrer. Il l'appelle « professeur ».

Celui-ci détourne lentement – presque un peu trop lentement – son visage du jardin et de la rue.

Il passe la double porte.
Le policier reste dans le couloir.

C'est un bureau assez grand, éclairé par deux fenêtres. Des rideaux blancs sont tirés devant les fenêtres, empêchant de voir l'extérieur. Au fond une autre porte.

Un homme, qui indique très clairement par son attitude qu'il se trouve dans son bureau, se lève et vient accueillir le nouveau venu, sans lui serrer la main, en lui disant :

– Commissaire Platna. Asseyez-vous, je vous prie. Je vous remercie d'être venu.

Il désigne une chaise en face de son bureau. Le professeur s'y assied et, pendant que le commissaire s'assied à son tour et ouvre un dossier, il jette un coup d'œil autour de lui. La pièce contient des armoires métalliques, un petit bureau pour une secrétaire, plusieurs sièges, un portemanteau. Ce qui est assez particulier, c'est la présence d'un autre bureau, inoccupé, qui forme un angle droit avec le bureau du commissaire.

Aux murs deux portraits, l'un de Karl Marx, l'autre de Lénine. Ils sont fixés à la même hauteur.

Le reste de la décoration est banal et comme effacé : une photographie encadrée qui représente un défilé sur la place Rouge, une scène de moissons, un paysage de montagne.

Le commissaire étudie le dossier.

L'homme assis se concentre, s'efforce de respirer calmement.

On frappe à la porte. Entre une

jeune femme, rouge et essoufflée, qui dit :

– Excusez-moi. J'ai raté mon autobus.

Le commissaire ne lui répond pas.

Elle accroche rapidement son manteau et prend place à son petit bureau, un bloc-sténo à la main. Elle n'a pas un regard pour l'homme assis, qui attend.

Le commissaire demande alors :

– Vous vous appelez Lenski? Alexandre Lenski?

– C'est exact.

– Vous avez quarante-deux ans. Vous êtes professeur de sociologie comparée à l'Université.

– Oui.

– Quel âge ont vos élèves?

– De dix-huit à vingt-trois ans.

Le commissaire ajoute en compulsant des notes :

– Marié, deux enfants, une voiture. Apparemment, vos supérieurs sont très contents de vous. Votre mère est encore vivante?

– Oui.

– Vous avez joué au football?

– Oui, dans l'équipe de l'Université.

– Vous vous intéressez au cinéma, au canotage.

– Je joue aussi de la flûte.

– Je vois.

Derrière le commissaire, la secrétaire prend des notes, retrouvant peu à peu son souffle.

Le commissaire ouvre un tiroir et y saisit deux objets qu'il place devant lui sur le bureau. L'un de ces objets est un livre de messe, un assez vieux missel. L'autre est un chapelet qui se termine par une petite croix :

– Vous reconnaissez ces objets?

Le professeur n'y jette qu'un coup d'œil et répond sans difficulté :

– Oui.

– Ils ont été trouvés chez vous, dans votre bureau.

– J'ai remarqué qu'ils avaient disparu.

– Donc, vous admettez qu'ils vous appartiennent?

– Oui. Ils sont à moi.

– Les possédez-vous à titre de curiosités, d'antiquités, ou y attachez-vous une certaine valeur?

Deux secondes d'hésitation et le professeur répond :

– J'y attache une certaine valeur.

– Je vous pose une question très simple : Est-ce que vous croyez en Dieu ?

– Oui, monsieur le commissaire.

Pour la première fois, la secrétaire lève les yeux de son bloc et jette un regard au professeur.

Celui-ci reprend, presque aussitôt :

– Ce n'est pas interdit, je pense ?

– Non, ce n'est pas interdit. Ce serait absurde de l'interdire.

Après un très court silence, le commissaire reprend :

– Une autre question : vous êtes chrétien ?

– Je suis catholique.

– C'est-à-dire : vous suivez les commandements de la foi catholique ?

– Oui. Est-ce la raison de ma présence ici?

– Auriez-vous par hasard une autre raison de vous trouver devant moi?

– Pas que je sache.

– Je vais vous dire pourquoi vous êtes ici. Il n'est pas interdit de croire en Dieu. En un dieu de son choix. Mais vous êtes un professeur. En contact direct avec des élèves. Un professeur est un homme public. Il est donc nécessairement un exemple.

– Mes élèves, dit alors le professeur Lenski, ignorent tout de mes convictions. J'y prends garde.

– Et chez vous? Dans votre famille?

– Là aussi, je fais attention.

– Vous croyez en Dieu depuis longtemps?

– Depuis mon enfance.

– Vos parents étaient croyants?

– Ma mère, oui.
– Et vous n'avez jamais douté?
– Si, dans ma jeunesse. Mais depuis une quinzaine d'années, je ne doute plus.

A ce moment, la porte du bureau s'ouvre brusquement et une femme paraît.

En entrant, elle dit simplement :

– Bonjour.

Sans s'étonner de sa présence, le commissaire lui répond :

– Bonjour. Ça va?

La nouvelle venue serre la main du commissaire et salue la secrétaire. Elle enlève une écharpe en laine enroulée autour de son cou et l'accroche au porte-manteau en disant :

– Je me suis arrangée pour attraper un rhume.

Elle enlève et suspend son manteau puis, montrant le bureau inoccupé qui forme un angle droit avec celui du commissaire, elle demande :

– Je peux me mettre là?

– Je t'en prie.

En s'asseyant elle sourit au professeur :

– Vous êtes le professeur Lenski?

– Oui.

– Je suis Olga Talberg. Psychologue. Quand on m'a parlé de votre cas, j'ai eu grande envie de vous connaître.

La secrétaire se lève pour lui apporter les notes qu'elle a prises jusqu'à maintenant. Olga tire ses lunettes de son sac.

– Merci, dit-elle à la secrétaire.

La psychologue commence à parcourir les notes en sténo tout en demandant au professeur Lenski :

– Ça ne vous ennuie pas si je bavarde un moment avec vous?

– Non, pas du tout.

– Ça ne vous mettra pas en retard? Vous n'aviez pas autre chose à faire?

Une note de gravité dans la réponse du professeur :

– Je n'ai rien prévu pour aujourd'hui.

La psychologue, Olga Talberg, repose les papiers et dit au professeur :

– Votre cas m'intéresse. Vraiment. Cet étrange besoin de croire... Vous savez, on ne croit pas seulement en Dieu. Certaines personnes croient fermement aux astres, par exemple. Elles croient que toutes les planètes se sont penchées sur leur berceau pour décider de leur destin. C'est totalement absurde, vous le savez aussi bien que moi, et pourtant ces personnes-là croient en leur erreur aussi profondément, aussi passionnément que vous croyez en Dieu.

– On peut aussi croire à la chance, dit le professeur. Croire à des idées.

Le dialogue s'est engagé très naturellement, sans effort. Bien entendu, la psychologue et le commissaire ont parfaitement perçu l'allusion contenue dans le mot « idées ». Olga Talberg reprend :

– Voyez-vous une différence fondamentale entre ces croyances et la foi en Dieu?

– J'y vois plusieurs différences.

– Lesquelles?

– Le besoin de prouver, entre autres. Ceux qui croient aux astres essaient toujours de prouver que cette puérilité repose sur quelque chose. Ils citent désespérément des exemples. Moi, non.

Ma foi provient d'une certitude intérieure.

– Peut-être, reprend la psychologue, mais moi je mets tout ça dans le même panier. Votre certitude n'est pas la mienne. Mettez-vous un instant à ma place.

Le professeur Lenski lui rend pour la première fois son sourire en disant :

– Je m'y mets très facilement. Pouvez-vous vous mettre à la mienne?

– Ce n'est pas si simple, dit-elle. Vous dites : certitude intérieure. Je veux bien. Pourtant on en a cherché, des preuves de l'existence de Dieu!

– Autrefois, oui.

– On n'en cherche plus?

– Je ne sais pas. Ce n'est pas ce qui m'intéresse.

– Dieu ne se prouve pas, il s'éprouve. C'est ça?

– Oui.

– Moi, ce qui m'intéresse, reprend la psychologue, je vais vous le dire. Comment un homme comme vous, intelligent, né et éduqué dans une société matérialiste, sociologue et professeur, comment peut-il succomber à une des plus vieilles illusions du monde?

– Êtes-vous là pour essayer de me convaincre de mon erreur?

– Je suis là éventuellement pour vous aider.

– Je vous remercie.

Elle prend un mouchoir dans sa poche et se mouche.

Le commissaire, qui fume en grimaçant légèrement, comme s'il n'y prenait aucun plaisir, reprend à ce moment-là :

– Il y a une chose que je n'arrive pas à comprendre. Vous croyez en Dieu, bon. Il y en a d'autres. Mais vous acceptez le dogme tout entier? La Sainte Trinité, la Sainte Vierge, tout le fourbi?

– Évidemment, répond le professeur.

– Pour vous, c'est la vérité? La résurrection du Christ, par exemple, c'est la vérité? Son ascension, le Saint-Esprit, tout ça, pour vous, c'est vrai?

– Oui.

– Mais cette vérité, elle a été décidée par des conciles! Par des hommes! Elle a été mise aux voix! Dans une autre époque! C'est même une vérité moyenne, une vérité de compromis la plupart du temps! Et vous acceptez aujourd'hui ces petites vérités d'hier?

– La vérité n'est ni d'hier, ni d'aujourd'hui. Elle est la vérité. Ces hommes dont vous parlez étaient inspirés par Dieu.

Le commissaire et la psychologue échangent un regard. Ils semblent penser qu'ils ont affaire à un cas sérieux. La psychologue reprend l'interrogatoire presque aussitôt, sans laisser un instant de répit au professeur, qui se tourne ainsi tantôt vers un bureau, tantôt vers l'autre.

– Est-ce que vous croyez à l'évolution? A l'évolution des espèces?

– Oui.

– Le monde change, vous ne le niez pas?

– Non.

– Maintenant, dites-moi : est-ce que vous croyez au progrès?

– Au progrès matériel, oui.

– Ce que je vous demande, c'est ceci : croyez-vous que l'humanité marche en avant et qu'elle est meilleure aujourd'hui qu'hier?

Ils sont extrêmement tendus et très attentifs. Aucun des deux ne sous-estime l'autre.

La psychologue ajoute :

– C'est une question importante.

– Je sais, dit le professeur, qui réfléchit.

– Répondez-moi.

– Que l'humanité marche en avant, on nous l'apprend à l'école. Il nous est difficile de dire le contraire.

– Ce que je veux, c'est votre opinion personnelle. Sincère.

– Sur ce point, je n'ai pas d'opinion personnelle.

Pour la première fois, la psychologue se fâche, ou paraît se fâcher :

– Écoutez, je vous pose une question précise! Est-ce qu'il y a un progrès dans les sociétés humaines? Pour la condition humaine? Vous êtes sociologue, vous avez une opinion. Vous devez en avoir une! Et je vous demande de me la dire, c'est clair?

Elle respire, se calme et reprend sur un autre ton :

– Que vous enseigne la religion, là-dessus?

– Elle nous dit que l'humanité s'élève irrésistiblement vers Dieu.

– Donc, il y a progrès, d'une certaine façon?

– Oui.

– Écoutez. Je sais que cette marche en avant n'est pas nette. Qu'elle est parcourue de crimes, de retours en arrière, de catastrophes. Mais vous devez admettre que nous allons quelque part?

– Oui, dit Lenski, sans hésiter.

– Bon. Maintenant, oubliez le progrès matériel. Oubliez la montée vers Dieu. Et répondez-moi très simplement : croyez-vous que l'humanité est meilleure aujourd'hui qu'autrefois?

Le professeur hésite. La psychologue ajoute avec douceur :

– Simplement. Répondez-moi simplement.

Il secoue légèrement la tête avant de répondre :

– Non. Non, je ne suis pas sûr que le cœur de l'homme soit meilleur aujourd'hui qu'il était autrefois.

Le commissaire note quelque chose sur un bout de papier. L'interphone sonne. Il appuie sur un bouton. On entend une voix grésillante, incompréhensible. Le commissaire répond :

– Faites-le entrer.

Presque aussitôt une porte s'ouvre et un policier en uniforme introduit un homme un peu plus âgé que Lenski. Celui-ci paraît surpris de le voir. Ils échangent un signe de tête.

Le commissaire s'adresse au nouveau venu :

– Professeur Antonin, merci d'être venu. Vous connaissez, bien entendu, le professeur Lenski?

Le nouveau venu, qui semble assez mal à l'aise, répond en restant debout :

– Oui, nous sommes collègues à l'Université.

– Vous êtes professeur de...?

– D'histoire des civilisations.

– Je vais vous poser une seule question, à laquelle je vous demande de répondre en toute franchise. Savez-vous si le professeur Lenski, ici présent, croit en Dieu?

Surpris, le professeur Antonin – qui évite le regard de Lenski – hésite et se trouble.

– C'est-à-dire que... je ne sais pas, c'est...

– Répondez, n'ayez pas peur. A votre avis, est-ce qu'il croit en Dieu, oui ou non?

– Eh bien... oui, il me semble, oui...

– Comment cela s'est-il manifesté? demande le commissaire. Comment l'avez-vous appris?

– Oh! je ne sais pas... Très simplement...

– Dites-nous. C'est important.

– Un jour, dans la salle des professeurs, il rangeait des documents dans son casier, j'étais à côté de lui, j'ai vu qu'il tenait un missel à la main.

Le commissaire prend le missel posé sur son bureau et le montre en demandant :

– Celui-ci?

– Oui, peut-être. Ça m'a troublé, mais je n'ai rien dit. Une autre fois, un samedi, nous allions visiter les nouvelles salles du Musée, en passant devant l'église Saint-Nicodème j'ai vu qu'il se signait discrètement.

– Quoi d'autre?

– Oh! rien. Sinon les bruits qui courent. Tout ce qui se raconte. On dit qu'on l'a vu aller à la messe, de très bonne heure le matin. C'est un collègue qui fait du footing qui l'aurait vu.

– Et quoi encore?

– Rien. Rien de plus.

– Vous parlez, entre professeurs, de temps en temps?

– Bien sûr, répond le professeur Antonin.

– Il ne parle jamais de Dieu?

– Non, je ne me rappelle pas, mais il parle de...

– De quoi?

Le témoin jette un regard embarrassé à Lenski – qui ne le quitte pas des yeux – avant de répondre :

– Il parle de... du vide spirituel de notre temps... Du mystère... Il a cité Descartes, une fois...

– Quelle phrase, exactement?

– « L'incomparable beauté de cette immense lumière... »

– Et c'est tout? Vous ne voyez pas autre chose?

– Non, monsieur le commissaire.

– Je vous remercie. Vous pouvez vous retirer.

Le professeur Antonin salue et se retire, accompagné par le policier. Il adresse un geste à Lenski. Olga Talberg dit à Lenski :

– Vous voyez. Ce qu'un de vos collègues sait, tous vos collègues, tous vos élèves le savent.

S'adressant au commissaire, elle demande :

– D'ailleurs, on a dû faire une enquête là-dessus?

– Oui, la voici.

Le commissaire lui tend quelques feuilles de papier par-dessus son bureau. Elle les saisit et les parcourt rapidement en disant :

– Ce n'est un secret pour personne.

– Vous disiez que vous vouliez simplement bavarder un peu.

– Oui, mais nous faisons les choses sérieusement.

– Nous sommes là pour ça, ajoute le commissaire.

Et la psychologue reprend :

– Il y a tant de dangereux rêveurs de par le monde. Chacun avec son petit bout de vérité. Pour lequel il est prêt à mourir, ou à tuer.

Le professeur sourit et hausse les épaules, légèrement. Ces propos lui semblent excessifs.

Le commissaire reprend la parole :

– Est-ce que vous admettez que nous avons le droit de vous interroger?

– Je ne comprends pas, dit Lenski.

– Vous vivez dans une société donnée, à un moment historique précis. Vous devez être en accord avec cette société, vous l'admettez?

– Oui.

– Vous n'avez aucun désir de révolte, ou de subversion?

– Aucun.

– Donc nous avons le droit de vous interroger?

– Oui.

Olga, à son tour :

– Cette société vous a choisi comme éducateur. Pour former de jeunes esprits. Et dans l'âme de cet éducateur qu'est-ce que nous voyons? Une perversion. Une perversion extravagante. Vous comprenez notre inquiétude?

– Je peux facilement vous rassurer, dit Lenski.

– Non, professeur, reprend le commissaire. Pour nous vous êtes dangereux. Tant d'efforts ont été faits, depuis plusieurs générations, pour libérer notre jeunesse des vieilles croyances, causes de tant de mal, et vous, par le mauvais exemple que vous donnez, vous risquez de détruire tous ces efforts, tous ces sacrifices. Vous comprenez?

– Non, répond Lenski avec franchise.

La psychologue se radoucit, comme pour un aveu :

– Vous vous demandez ce que je fais ici. Eh bien je veux vous aider à vous libérer. A être vous-même. Je veux essayer de vous expliquer pourquoi vous croyez. Pourquoi vous croyez croire.

– Vous ne m'apprendrez pas grand-chose.

– Ah bon?

– Oui, je sais, plus ou moins, tout ce qu'on a dit là-dessus.

– Par exemple? demande Olga.

– J'ai feuilleté Voltaire, Renan. Je sais que la foi, selon Feuerbach, est une « projection de la subjectivité illimitée de l'homme ». Que pour Marx cette foi est un produit de mes conditions de vie, sociales et économiques. Que selon Freud, c'est une illusion infantile.

– Et vous rejetez tout cela, en bloc?

– Non, au contraire. De leur point de vue, on peut même dire que tous ces penseurs ont raison.

Il sourit fugitivement pour ajouter :

– D'ailleurs, c'est Dieu qui parle par leur bouche.

Le commissaire s'étonne :

– Vous voulez dire que Dieu s'exprime par la bouche de Marx?

– Bien sûr. En respectant la liberté de Marx.

– En fait, reprend la psychologue, ce que vous voulez dire, c'est que la foi dépasse de très loin toute espèce de raisonnement, toute tentative pour la définir ou pour l'attaquer?

– C'est bien ça.

– La foi, ça se ressent, ça ne s'explique pas?

– Vous l'avez dit.

– Pourtant les théologiens ont longuement essayé d'accorder la raison et la foi.

– Bien sûr. Dieu nous a donné l'intelligence et nous devons nous en servir. Saint Augustin l'a dit : « Aime beaucoup l'intelligence. »

– En la soumettant à la foi, remarque Olga.

– Non. En essayant de l'élever jusqu'à la foi.

Le commissaire demande brusquement :

– Pourquoi croyez-vous?

– Si j'essaye de l'expliquer, dit-il, je crois en Dieu parce que je n'ai trouvé nulle part les réponses aux questions que je me pose.

– Quelles questions? demande Olga.

Lenski réfléchit un instant.

– La nature et le sens de ma vie, de ma condition, et même des questions plus scientifiques : composition de la matière, de l'énergie, forme et dimensions de l'univers. Il m'arrive d'en parler avec mes collègues qui sont professeurs de sciences. Je ne vois aucune réponse claire en dehors de la foi.

– Un jour, dit le commissaire il y en aura une.

– Pour le moment la science pose plus de questions qu'elle n'apporte de réponses.

La psychologue paraît mécontente et presque déçue. Elle dit à Lenski :

– J'essaye de vous suivre. C'est difficile. Vous ne sortez pas de vous-même. Vous avez un a priori. Vous vous y cramponnez. Et moi je m'inquiète d'un danger précis : la contagion autour de vous. C'est de ça que nous devons parler! C'est pour ça que vous êtes là! Et vous nous répondez : Je crois parce que je crois. Mesdames et messieurs, contentez-vous de ça, car vous n'aurez pas autre chose! Professeur Lenski, vous qui aimez l'intelligence, vous voyez bien que c'est une réponse que je ne peux pas accepter!

– Je n'en ai pas d'autre.

– On disait autrefois, reprend Olga, si je me souviens bien : Dieu est un mystère infini, donc il est divin. Il n'a pas pu être inventé par les hommes. Je crois parce que c'est absurde. Une absurdité qui n'a pas de sens, qui nous dépasse, et qui donc procède de Dieu. Ces arguments ne tiennent plus debout, vous le savez bien! On dit aujourd'hui, tout simplement, devant tout ce bazar :

C'est absurde! C'est complètement absurde! Le Christ assis à la droite du père, et qui viendra juger les vivants et les morts! Mais comment un homme comme vous peut-il croire encore à des foutaises pareilles!

Le commissaire demande alors au professeur :

– Voulez-vous un thé?

– Oui, je veux bien.

– Et toi? dit-il à la psychologue.

Elle hoche affirmativement la tête. Le commissaire demande encore à Lenski :

– Avec ou sans sucre?

– Avec, s'il vous plaît.

Le commissaire se retourne vers sa

secrétaire. Celle-ci lui fait un geste négatif. Elle ne veut pas de thé.

Le commissaire appuie sur un bouton de l'interphone, une voix lui répond, il demande :

– Portez-nous trois thés sucrés.

Dans le silence qui suit, le professeur Lenski dit tout à coup :

– J'éprouve une étrange sensation.

– Laquelle? demande Platna.

– J'ai l'impression que vous me regardez comme un étranger, presque comme un monstre.

Les deux autres l'écoutent sans répondre. Il continue :

– Et pourtant nous sommes de la même chair et du même sang.

Il se tait un instant, comme s'il attendait une réponse, puis ajoute :

– Est-ce notre esprit qui n'est pas le même? Pourquoi vous étonnez-vous de ce que je crois? Ai-je commis un crime? Suis-je d'une autre race, ou d'une autre planète?

On frappe à la porte.

– Entrez! dit le commissaire.

Entre le même policier en uniforme gris, qui porte trois thés dans des gobelets en carton, sur un plateau.

– Merci, lui dit Platna, posez-le là.

Le policier dépose le plateau sur le bureau du commissaire. Celui-ci se lève, tend un gobelet à la psychologue et un autre au professeur.

Le policier dit quelque chose à voix basse à l'oreille du commissaire. Celui-ci lui répond d'un geste, comme pour l'inviter à faire entrer quelqu'un.

La lumière du jour commence à baisser. La secrétaire demande :

– Je peux allumer une lampe?

– Bien sûr.

Elle allume une lampe posée sur son propre bureau, derrière celui du commissaire. Lenski reprend :

– Vous ne m'avez pas répondu.

Une femme et une fillette d'une dizaine d'années entrent alors dans la pièce, accompagnées par le policier.

A leur vue, Lenski ne peut retenir un geste de surprise.

Le commissaire fait signe au policier d'avancer une autre chaise et dit à la femme :

– Bonsoir, madame. Commissaire Platna. Je vous remercie d'être venue. Veuillez vous asseoir.

La femme échange un regard avec le professeur et s'assied. La petite fille reste debout à côté de la chaise.

Le commissaire demande à la femme :

– Voulez-vous un thé?

– Non, merci.

Le policier, qui se trouve dans le dos du professeur Lenski et des nouveaux témoins, demande au commissaire, d'un signe discret, s'il doit se retirer ou rester là.

Le commissaire lui fait signe de rester là.

Le commissaire reprend son interrogatoire :

– Vous êtes madame Lenski?

– Oui.

Platna s'est remis à feuilleter son dossier.

– Mariés depuis?...

– Depuis douze ans.

– Deux enfants?

– Oui, mais l'autre est tout petit, je l'ai laissé chez ma mère, je n'ai amené que Sonia.

– Très bien. Madame Lenski, vous savez pourquoi votre mari est interrogé?

– Non, monsieur le commissaire.

– Je ne pense pas qu'il s'agisse d'une chose très grave. C'est juste une formalité. Du moins, je l'espère. C'est pourquoi je vous demande de me répondre très sincèrement.

– Oui.

Elle vient de remarquer le missel et le chapelet posés sur le bureau du commissaire. Mais elle dissimule, comme si elle n'avait rien vu.

– Madame Lenski, demande le commissaire, croyez-vous en Dieu?

Elle répond aussitôt, nettement :

– Non.

– C'est certain? Je peux vous faire confiance?

– Oui, c'est certain.

– Vous n'y avez jamais cru?

– Jamais. Personne dans ma famille n'y croyait.

Le commissaire vérifie quelque chose dans son dossier.

Pendant ce temps, Mme Lenski jette un regard à son mari, assis tout près d'elle, légèrement en retrait. Elle rencontre son regard. Le professeur Lenski observe sa femme avec une sorte de curiosité. Il tient son gobelet de thé à la main.

Le commissaire relève la tête et demande à Mme Lenski :

– Et maintenant dites-moi : est-ce que votre mari croit en Dieu?

– Je... je ne sais pas.

– Il ne vous en parle jamais?

– Jamais.

– Et vous n'avez rien remarqué?

– Quoi, par exemple?

Le commissaire avance vers elle le missel et le chapelet.

– Vous connaissez ces objets?

– Oui.

– Ils appartiennent à votre mari n'est-ce pas?

– Oui, je crois.

– Il l'a reconnu lui-même, très simplement. Encore une fois...

Il s'interrompt au milieu de sa phrase pour boire une gorgée de thé. Puis il jette un coup d'œil aigu à la femme qu'il interroge.

Elle ne bronche pas. Elle attend.

– Encore une fois, n'ayez aucune crainte. Il s'agit d'un interrogatoire de pure forme. Madame Lenski, êtes-vous heureuse en ménage?

– Mais... oui, je suis très heureuse...

– Pas de problème grave, avec votre mari?

Tout en posant cette question, il compulse son dossier, ce qui pourrait laisser penser qu'il est au courant de certaines choses.

Mais la femme ne se trouble que légèrement. Elle répond avec un bref sourire :

– Non... Des petites disputes, des... mais rien de grave...

– A quel sujet, ces petites disputes?

– Oh! à propos de... ma mère, de la télévision...

– Jamais de querelles politiques?

– Oh non, jamais.

Le commissaire demande encore :

– Vous avez fait un mariage d'amour?

– Oui.

– Et vous ne le regrettez pas?

– Pas du tout.

Elle se détend, elle sourit même. Le ton change de nouveau et redevient plus inquiétant, plus tendu, quand le commissaire demande :

– Bien. Madame Lenski, vous êtes mariée depuis douze ans. Vous avez bien dû remarquer certaines habitudes, chez votre mari?

– Oui, évidemment.

– Est-ce qu'il se lève de bonne heure le dimanche?

– Oui, de très bonne heure.

– Savez-vous pourquoi?

– Non... Peut-être pour...

Elle se trouble, elle cherche. Le commissaire Platna lui vient en aide :

– Pour aller à la messe?

– Peut-être.

Le commissaire feuillette de nouveau son dossier et y prend un rapport en plusieurs pages, qu'il présente à la femme du professeur.

– Nous savons très exactement combien de fois il va à la messe, combien de fois il se confesse et communie. Ce qui nous intéresse, ce n'est pas ce que croit votre mari, dans le fond il est libre, ce qui nous intéresse, c'est de savoir comment ces croyances se manifestent. Si elles sont visibles, en quelque sorte. S'il en parle autour de lui, par exemple, à vous, ou à vos enfants.

– Non, il n'en parle jamais.

– Il ne dit pas ses prières, à la maison?

– Si, mais...

Elle hésite, renonce à se tourner vers son mari et dit enfin :

– Tout seul, dans la salle de bains...

Le commissaire demande encore :

– Vous célébrez la fête de Noël?

– Oui, un peu... On fait des cadeaux aux enfants... Comme tout le monde...

– Votre mari n'a jamais essayé de vous convertir? Il ne vous a jamais proposé de l'accompagner à l'église?

– Une fois, il y a longtemps, au début de notre mariage. Mais il n'a pas insisté. Il sait bien que ça ne m'intéresse pas.

– Quand vous recevez des amis, aucune allusion?

– Aucune.
– De quoi parle-t-il?
– Il parle de son travail, de ses lectures, de... de cinéma, de musique...
– Mais jamais de sa foi en Dieu?
– Oh! non, jamais. D'ailleurs...
Cette fois elle se retourne vers son mari, qui l'observe toujours avec une attention très vive, et ajoute :
– D'ailleurs je ne crois pas qu'il y tienne vraiment. C'est plutôt... c'est plutôt une habitude...
– Je vois.

Rien n'indique que le commissaire ait terminé son interrogatoire, et pourtant la psychologue reprend la parole après un silence et demande directement à la petite fille :

– Tu t'appelles Sonia?

– Oui, madame.

– Moi aussi, j'ai une petite fille. Elle s'appelle Natacha. Quel âge tu as?

– Dix ans.

– Viens un peu avec moi, Sonia. J'ai quelque chose à te demander.

La petite fille hésite et se serre, craintive, contre sa mère.

La psychologue insiste :

– Viens, n'aie pas peur.

Mme Lenski repousse doucement sa fille et lui dit :

– Va... Va voir la dame...

A regret la petite fille se sépare de sa mère et se dirige vers Olga qui lui dit, en s'écartant un peu de la table :

– Fais le tour. Viens ici.

La petite fille obéit et se retrouve bientôt debout auprès de la psychologue, qui lui pose en souriant une main sur les épaules.

– Alors? Tu travailles bien à l'école?

– Oui, madame.

– Tu es contente de tes professeurs?

– Oui, très contente.

– Et à la maison, tout va bien? Tu aimes tes parents?

– Oh! oui, madame.

– Dis-moi une chose. Ton papa, est-ce qu'il te parle de Dieu, quelquefois?

Sonia hésite un instant, comme si elle ne comprenait pas très bien la question, elle cherche le regard de ses parents puis elle répond, en secouant la tête :

– Non...

– Tu es bien sûre? Ici, tu sais, il ne faut pas mentir. C'est interdit.

La petite fille secoue encore une fois

la tête sans rien dire. La psychologue lui demande :

– Il ne te montre jamais un livre avec des images?

Elle tend la main vers le commissaire qui lui donne le missel. Elle le prend et le montre à Sonia en répétant :

– Ce livre, par exemple. Il ne te l'a jamais montré?

Sonia hésite encore, puis, du bout des lèvres :

– Si...

Cette fois, c'en est trop pour le professeur Lenski. Perdant brusquement son calme, il se lève et s'approche vivement du bureau de la psychologue.

– Mais qu'est-ce que c'est que ces méthodes? Jusqu'où irez-vous? Qu'est-ce que vous voulez lui faire dire?

Le policier debout près de la porte s'est avancé, prêt à intervenir.

Le commissaire l'en empêche d'un geste rapide.

Très calme, la psychologue lève son regard vers le professeur, qui est debout en face d'elle.

– Ce que je veux lui faire dire? La vérité, tout simplement. Je ne cherche pas autre chose que la vérité.

Et, revenant à la petite fille, tandis que le professeur reste debout :

– Alors réponds-moi, Sonia : Ton papa t'a montré ce livre, d'accord?

– Oui...

– En te le montrant, il a dû te parler de Dieu et de la Sainte Vierge, non?

– Oui, peut-être...

– Et qu'est-ce que tu as pensé de ce qu'il t'a dit?

– Ça m'a ennuyée.

Cette réponse surprend quelque peu

la psychologue, qui pendant quelques secondes ne sait que dire.

Puis elle reprend avec un sourire :

– Tu as bien raison. Je te remercie. Tu es très gentille. Va.

D'un geste doux, elle renvoie la petite fille, qui retourne aussitôt auprès de sa mère. Celle-ci demande au commissaire :

– Est-ce que c'est terminé?

Le commissaire échange un regard avec la psychologue et répond :

– Pour vous, oui.

– Je peux partir?

La psychologue intervient :

– Vous pouvez partir, mais vous pouvez aussi rester. C'est comme vous voulez.

On sent, dans cette perche tendue, que la présence possible de cette femme, en qui elle voit peut-être une alliée, intéresse la psychologue.

Mme Lenski se lève, se tourne vers son mari et lui demande :

– Tu préfères que je reste?

– C'est comme tu veux, moi, je veux bien.

– Je vais peut-être rester un peu.

– Très bien, dit alors le commissaire. Asseyez-vous là-bas.

Il fait un signe au policier, qui vient chercher la chaise sur laquelle Mme Lenski était assise et la met en arrière, près du mur. Mme Lenski va s'y asseoir. La petite fille prend sagement place à côté d'elle.

Le policier allume une seconde lampe, non loin d'elle. A l'extérieur, à travers les rideaux des fenêtres, on voit qu'il fait encore jour.

Le commissaire dit au professeur :

– Buvez votre thé, il va être froid.

– Oui, merci.

– Professeur, dit la psychologue, je suis désolée d'avoir interrogé votre fille, mais il le fallait. Elle m'a dit ce que je voulais savoir.

La secrétaire, qui s'était interrompue pendant un moment de prendre des notes, se remet au travail.

Le professeur boit assez rapidement son thé. Tout indique, après cette pause, que la conversation va reprendre et qu'elle sera sans faiblesse.

La psychologue :

– Ce qu'il y a de regrettable, avec les gens comme vous, c'est qu'ils veulent toujours transmettre leurs idées. Ils veulent convaincre. Ils veulent convertir.

– Vous vous trompez, dit Lenski.

– Non, je ne me trompe pas. La preuve, votre petite fille. Et ce que vous faites avec elle, vous le faites sans doute avec d'autres.

– Non.

– Si. Avec vos étudiants, avec vos amis. Avec des inconnus de rencontre, peut-être.

Lenski hausse le ton :

– Je vous dis que non!

– Vous n'êtes pas le premier de votre genre que je rencontre, monsieur Lenski. La foi est quelque chose qui doit se partager. Qui doit se communiquer. C'est dans sa nature même. Vous ne pouvez pas faire autrement que de transmettre autour de vous cette mauvaise graine, que nous avons eu tant de mal à éliminer.

Le professeur fait un effort sur lui-même pour chasser son agitation et demande :

– Je peux vous poser une question?

– Je suis là pour ça, lui dit Olga.

– En quoi cette graine est-elle mauvaise?

– Vous voulez vraiment que je vous réponde?

– Oui, j'y tiens beaucoup.

– Pourquoi?

– J'ai souvent entendu attaquer la religion. Mais il m'a semblé, toujours, que ces attaques visaient une religion du passé, qui n'existe plus, ou bien des formes extérieures, politiques ou militaires, de la religion. Ce que je voudrais connaître, de façon précise, ce sont les dangers de la foi.

– Avant de répondre à votre question, je veux vous demander quelque chose.

– Oui.

– Pensez-vous qu'il soit possible de vous convaincre de votre erreur?

Le professeur, légèrement désarçonné par la question, réfléchit. La psychologue ajoute :

– Je répète ma question. Elle est essentielle. Pensez-vous que notre dialogue sert à quelque chose, qu'il peut vous conduire à réfléchir, à douter et peut-être même à changer d'avis – ou pensez-vous, au contraire, que tout cela est inutile, que les jeux sont faits d'avance et que de toute manière je n'ai aucune chance de vous faire bouger d'un iota?

Le professeur est réellement embarrassé.

– Difficile de vous répondre.

La psychologue insiste :

– Faites un effort. Nous sommes ici pour y voir clair. Regardez très profondément en vous-même. Essayez d'oublier pour un moment votre entêtement. Cet a priori qui vous aveugle.

– Je ne suis pas entêté, je suis convaincu.

– Convaincu d'une erreur.

– De votre point de vue, dit Lenski.

Ils se concentrent tous les deux, comme deux adversaires avant un assaut important. La psychologue commence ainsi, apparemment très bienveillante :

– Vous dites que vous connaissez tous les arguments des non-croyants et qu'ils vous laissent indifférent. C'est possible. Mais si j'avais autre chose à vous proposer? Quelques mots qui vous toucheront, si peu que ce soit?

– Par exemple?

– Je ne sais pas ce que je vais vous dire. J'improviserai, j'irai en désordre, avec le seul souci de vous venir en aide. Ça, vous le croyez?

– Oui.

– Mais je dois savoir si j'ai une chance. Je dois savoir de quelle oreille vous allez m'écouter.

– Je vous écouterai. Aurai-je le droit de vous répondre?

– Évidemment, dit le commissaire.

– Professeur Lenski, parmi toutes les illusions qui nous entourent et nous menacent, les pires, et de très loin, sont celles qui viennent de l'intérieur de nous-mêmes et que nous fabriquons en solitaires. Celles qui nous font croire à la réalité d'un objet, alors que cet objet n'existe que dans notre tête.

– Cela s'appelle une hallucination.

– Exact. Et rien n'est plus ardu que de s'en délivrer.

– Je n'ai rien d'un halluciné.

– Oh! ne dites pas ça. Ils n'ont pas tous les yeux écarquillés et les mains tremblantes. Ils peuvent paraître calmes et intelligents comme vous. Ce sont d'ailleurs les plus coriaces.

Lenski sourit – mais ce sourire cache mal une inquiétude croissante – pour demander :

– Mon apparence joue contre moi?

– Je n'ai pas dit ça, répond Olga. Ce que j'ai dit, c'est que rien ne prouve le bon ordre de votre pensée. Votre apparence ne joue pas contre vous. Mais je ne peux pas me fier à votre apparence. Et maintenant, dites-moi une chose : la foi est accordée par Dieu, nous sommes d'accord?

– Oui. Par la grâce de Dieu.

– Dans ce cas, comment se fait-il qu'il vous la donne à vous, et qu'il me la refuse, à moi? Comment se fait-il que, ni de près ni de loin, je n'aie jamais été même effleurée par la grâce de Dieu? Il y aurait des privilégiés?

– La foi ne vous a pas été refusée. C'est vous qui n'en voulez pas. Vous avez entendu parler de la bonne nouvelle, comme tout le monde. Mais vous restez libre de la refuser.

– Pourquoi?

– Dieu vous a créée libre. Vous pouvez dire non.

– Mais pourquoi est-ce que je dis non?

– Ce n'est pas moi qui peux vous répondre.

– Nous sommes tous les deux vivants, nous y voyons clair, nous sommes pleins de bonne volonté : pourquoi nos cœurs sont-ils opposés?

– Je ne sais pas.

– Cette différence est-elle nécessaire? Est-il indispensable qu'il existe des extravagants, des protestataires, des illuminés? Des criminels, peut-être?

– Je connais cette question. Mais je ne peux pas y répondre.

– Votre foi vous suffit? Elle vous comble?

– Oui.

– Elle répond à toutes vos questions?

– Et plus encore : elle fait ma joie. Avec Dieu tout est clair et le monde est plein. Sans lui je ne comprends plus rien et tout me paraît un chaos ignoble.

– Vous et moi nous vivons pourtant dans le même monde. Nous essayons d'y vivre, d'y trouver une raison d'être, une action juste. Pour moi aussi, tout est clair dans la vie. Ce que je fais, et pourquoi je le fais. Ce qui me paraît ignoble, c'est votre fuite, c'est ce refuge que vous allez chercher dans les bras de Dieu. Et quand je vous demande : pourquoi ne sommes-nous pas éclairés par la même lumière, vous et moi? vous me répondez : je ne sais pas. Si je vous pousse un peu, vous allez me dire que les voies du Seigneur sont impénétrables, ce qui entre nous est une réponse bien commode, et bien vide.

– C'est pourtant la seule possible.

La psychologue demande :

– Expliquez-moi ça.

– Dieu se situe très au-delà de notre esprit. Nous ne pouvons même pas rêver de l'atteindre, au moins sur cette terre. Il est le maître du temps et de l'espace, il peut tout, il est l'ombre et la lumière, il est la serrure et la clé. Il peut faire de moi un mécréant et de vous un apôtre. Mais il ne le fait pas. Son point de vue, nous l'ignorons. Nous ignorons même s'il en a un. La foi, c'est une main tendue. On peut l'accepter ou la refuser. Si elle s'imposait aux hommes, avec une évidence absolue, si Dieu était visible, alors quel mérite y aurait-il à croire?

– C'est donc un acte méritoire? demande Olga.

– Bien sûr.

– Pourquoi? Que devons-nous mériter?

– Notre salut dans la vie éternelle.

Le commissaire interrompt brusquement le dialogue :

– Nous y voilà.

La psychologue se tourne vers le commissaire et lui demande :

– Qu'est-ce que tu dis?

– Je dis : Nous y voilà. Au salut. Parce que nous sommes nés mauvais, Olga, tu devrais le savoir. Toi et moi, dans notre berceau. Et tous les autres. Dieu nous a créés mais nous a trompés dès le début. Et condamnés. Nous sommes de pauvres pécheurs.

– Oui, reprend la psychologue. Et voilà pourquoi, professeur Lenski, l'Église est foncièrement, essentiellement réactionnaire. Toujours du côté de l'oppression, de l'immobilité, de la réaction. Et cela depuis saint Augustin, parce qu'elle proclame que l'homme est né mauvais!

– Si l'homme est mauvais par nature, dit à son tour le commissaire, alors il faut une religion et des lois pour le maintenir, et pour le punir!

Lenski s'écrie :

– Mais vous aussi, vous faites des lois!

Le commissaire et la psychologue ne prêtent aucune attention à cette phrase. Olga reprend :

– Quand on croit en Dieu, on méprise l'homme. En affirmant que l'homme est mauvais et que nous passons notre vie dans une tragique vallée de larmes, on rend tout bonheur, toute marche en avant impossibles. D'ailleurs, c'est clair : dès que se sont levés les grands espoirs des temps modernes, l'Eglise est aussitôt entrée en agonie.

– Quels espoirs? demande Lenski.

– Vous les connaissez aussi bien que nous.

– Le seul grand espoir, répond alors

Lenski, c'est de parvenir un jour au règne de Dieu sur la terre.

– Calmez-vous, professeur, dit Olga, ce genre d'affirmation pourrait être mal appréciée.

Le commissaire se tourne vers la secrétaire :

– Effacez sa dernière réponse.

– Oui monsieur.

Elle raye une ligne sur son bloc. Le commissaire lui demande :

– Vous arrivez à suivre?

– J'ai un peu de mal pour les noms propres.

– Pas grave.

Lenski reprend de lui-même la conversation :

– Il y a une chose que je ne peux pas accepter.

– Laquelle? demande le commissaire.

– Cette accusation de mépriser l'homme. C'est tout le contraire. On ne peut pas aimer Dieu sans aimer l'homme, et vice versa. Ces deux amours n'en font qu'un.

– On se croirait en plein sermon, dit le commissaire.

Et la psychologue ajoute :

– Soyez prudent, professeur. Prudent et calme. Et épargnez-nous le prêchi-prêcha.

– Vous, dit Lenski, de votre côté, épargnez-moi les idées toutes faites.

– Je ferai de mon mieux, je vous le promets. Mais je dois vous dire une chose, en ce qui me concerne. Je suis profondément convaincue, je ne dis pas de la vérité, mais de la nécessité historique du socialisme.

– J'avais cru le remarquer.

– Il s'agit du résultat de mes

réflexions, de mes raisonnements. Il ne s'agit pas d'un acte de foi.

– C'est vous qui le dites.

– Oui. Mais je suis prête à la discussion. Je ne suis pas obstinée comme vous. Je ne suis pas refermée sur moi-même. Si vous me parliez, je vous écouterais.

– Je n'ai pas le moindre désir de vous convaincre.

– Quel dommage.

A ces mots, elle change brusquement de ton et demande :

– A votre avis, le monde est ordonné par Dieu?

– Oui.

– Le cosmos, le cours des étoiles et aussi l'activité si mystérieuse de nos cellules?

– Oui.

– Les saisons, le vol des oiseaux, la

montée de la sève et la succession des empires?

– Oui, tout.

Le commissaire prend le relais :

– Les guerres, les accidents, les épidémies, les millions d'enfants qui crèvent de faim, tout ça c'est ordonné par Dieu?

– Sans doute.

– Et vous êtes d'accord? Vous trouvez cet ordre admirable?

– Tout conduit au royaume de Dieu. Toutes les conditions nécessaires sont là. Mais l'homme reste libre d'ensanglanter la terre.

Olga demande au professeur :

– Pourquoi Dieu nous impose-t-il le malheur?

– Il ne nous impose rien.

– Et la violence? interroge le commissaire. Et la misère? Pourquoi existent-elles?

– Pourquoi sont-elles possibles? dit la psychologue.

Lenski n'a qu'une réponse :

– Je ne sais pas.

Olga reprend :

– Ce chaos ignoble, comme vous disiez, vous n'en tenez pas Dieu pour responsable?

– Non.

– Les hommes seulement? demande Platna.

– Les hommes seulement. Parce qu'ils ont oublié la parole de Dieu.

– Et ceux qui luttent contre ce chaos, reprend Olga, que pensez-vous d'eux?

– Je les admire. Quand je peux, je les aide. Mais pour vous tout se joue à l'intérieur de l'histoire. Pour moi, tout conduit à une autre vie. Votre action, par exemple, me semble tout à fait légitime, car vous devez faire vivre un État. Mais le Christ a dit : Mon royaume n'est pas ce monde. Les drames de la terre ne sont qu'un passage nécessaire.

Olga pose une nouvelle question :

– Vous croyez qu'il y a une autre vie, après celle-ci?

– Oui, je le crois très fermement.

– Une parenthèse, professeur : croyez-vous à la fin des temps? Croyez-vous que la fin du monde est proche?

– Pour un chrétien la fin du monde est toujours proche. Il doit toujours se tenir prêt.

– Mais en réalité, dites-nous : est-ce que l'apocalypse est pour demain?

– Pour Dieu « demain » ne veut rien dire. Demain, c'est peut-être dans mille millions d'années. C'est peut-être dans deux secondes. C'est peut-être hier.

– La fin du monde serait déjà derrière nous?

– C'est possible.

– Mais si ça se trouve, demande Olga, nous avons le temps?

– Nous n'avons jamais le temps, répond Lenski. Le temps n'existe pas. Dieu est le temps tout entier.

Olga demande alors :

– Qu'est-ce que Dieu n'est pas?

– Je l'ignore.

– La guerre, les arbres qui meurent, la terre déchiquetée, les océans pourris, les saisons confuses, tout ça c'est Dieu?

– Oui.

– Il va donc détruire ce qu'il a créé? demande Olga.

– Il l'a dit. Il a donné aux hommes le pouvoir d'anéantir sa création.

– Pourquoi?

– Je ne peux pas connaître sa volonté.

– Nous y revoilà, dit le commissaire.

– Et le mot responsable n'a pas de sens pour Dieu, ajoute Lenski.

Olga reprend par un biais :

– Professeur, pendant longtemps la foi a paralysé la science. Vous le savez bien. Si on commence par dire « Dieu a tout disposé dans l'univers, et lui seul en connaît les lois », alors on bloque tout esprit de recherche et tout progrès de la connaissance.

– Autant rester dans son trou, comme une bête, dit le commissaire.

– Et répéter du matin au soir : tout est obscur, tout est secret. Mais en même temps vous nous dites : Il faut aimer l'intelligence. Alors?

– Faut-il comprendre ou ne pas comprendre?

Harcelé par les deux interrogateurs, le professeur Lenski donne des signes d'énervement et de fatigue.

Loin de profiter de cette fatigue, le commissaire et la psychologue marquent une pause.

La psychologue se tourne vers la secrétaire et lui dit :

– Ne notez pas ce que je vais dire.

La secrétaire hoche la tête et profite de cet arrêt pour jeter un coup d'œil discret à sa montre.

La psychologue s'adresse au professeur sur un ton brusquement différent, presque confidentiel :

– Depuis que je suis toute petite, je milite pour le socialisme. Mes parents sont morts tous les deux dans les camps nazis. J'étais avec eux, mais je m'en suis sortie. Depuis, j'ai beaucoup travaillé, beaucoup réfléchi. Ce que je crois est au fond très simple : l'humanité marche en avant, j'en suis sûre, et notre socialisme est une étape nécessaire dans cette marche. Je ne vous dis pas que c'est la vérité définitive et le but final. Le but final, je ne le connais pas. D'ailleurs, tout porte à croire qu'un jour nous ne serons plus là et que la terre ne sera qu'un astre mort roulant dans l'espace. En attendant, il faut faire du mieux possible. Et le mieux possible, aujourd'hui, c'est le socialisme. Un point c'est tout.

Lenski répond :

– Je ne me suis jamais opposé au socialisme.

– Vous croyez ça? demande le commissaire.

– J'en suis sûr.

– Écoutez-moi, reprend la psychologue. Vous vivez dans une société moderne et consciente. Une société qui croit en la clarté, en la justice sociale, en la culture. Qui essaye de fortifier l'individu en l'encadrant dans des groupes solides. Et vous venez nous dire que vous croyez en Dieu! Que tout est obscur! Que le bonheur n'est pas pour ici-bas! Vous vous rendez compte?

– Je n'ai pas dit ça!

Le commissaire hausse la voix :

– Vous vous opposez à tout ce que défend le socialisme! Vous niez tout!

– Mais non!

– Mais si! affirme Platna.

Et Olga Talberg demande au professeur :

– N'est-ce pas le Christ qui a dit :

« Celui qui n'est pas avec moi est contre moi »? Alors?

– Il n'est pas le seul à avoir dit ça.

La secrétaire se penche alors vers le commissaire et lui demande à voix basse :

– Est-ce que je reprends maintenant?

– Oui, bien sûr.

La psychologue ajoute, presque aussitôt, une phrase que le professeur n'attendait pas :

– En plus, je vais vous dire une chose : c'est lâche.

– Lâche?

Le commissaire saisit la balle au bond :

– Oui. Croire en Dieu, aujourd'hui, c'est refuser de se mouiller. C'est une démission totale. Regardez le pape : quoi qu'il se passe dans le monde, qu'est-ce qu'il trouve à dire? « Prions mes frères. Remettons-nous entre les mains de Dieu. » Ça, c'est la vraie lâcheté. Le vrai refus. Dire : Il n'y a pas de solution sur cette terre.

– Je n'ai jamais dit ça.

– Vous n'arrêtez pas de le dire! s'écrie Olga. D'une façon ou d'une autre!

Le commissaire se penche vers le professeur :

– Regardez-moi, Lenski.

Le commissaire montre son bureau, sa lampe, les objets qui l'entourent.

– Je ne dis pas que je suis un modèle, loin de là. Mais je suis ici dix heures par jour, je fais le plus sérieusement possible mon travail, pour que les choses aillent un peu mieux, ou un peu moins mal. C'est tout. Pour me rendre utile. Et vous pouvez me dire ce que je ferais de Dieu, dans ce bureau? Est-ce que je lui demanderais conseil, dans les cas difficiles? Est-ce que je donnerais aux voyous quelques prières à réciter?

– Ça pourrait les aider.

– Ne vous moquez pas de moi.

– Je ne me moque pas de vous. Moi aussi, je fais mon travail et j'essaye de rendre service.

La psychologue ajoute à voix basse :

– Avec des arrière-pensées.

Lenski se retourne vers la psychologue.

Elle continue, reprenant son calme et montrant le commissaire d'un geste de tête :

– Il a raison. Il y a de la lâcheté dans votre foi. Et même plus que ça. De la peur. Je sens en vous une attirance pour le noir, pour le secret, pour les ténèbres. Pour affronter un monde sans Dieu, il faut du courage. Et vous n'en avez pas. Ce qui croit en vous, c'est la peur. Dieu vous rassure. Il prend toutes les responsabilités à votre place. C'est bien pratique. De quoi avez-vous peur, professeur Lenski?

– Moi?

– Peur de vos élèves? De votre travail?

– Pas du tout.

– Peur d'affronter la vie de tous les jours? Peur d'ouvrir les yeux quand vous vous levez, le matin?

– Mais non.

– Peur de la justice? demande Platna.

– Peur de vieillir? reprend la psychologue. Peur de la maladie? Peur de mourir un jour?

– Absolument pas.

– Contre toutes ces peurs, dit Olga, Dieu est bien pratique. On n'a rien inventé de mieux. Et je vais même vous dire autre chose : votre propre volonté vous fait peur. Vous comprenez ce que je veux dire?

Il secoue négativement la tête, très attentif. Elle reprend :

– Vous êtes un être humain. Il y a en vous, à tout moment, la possibilité de prendre une décision personnelle. Et vous préférez abdiquer. Vous cherchez refuge en Dieu comme un boxeur derrière les cordes. Vous renoncez à toute lutte, à toute action. Bien à l'abri de votre foi, vous dites : moi, je ne crois pas au progrès. On ne peut rien changer à l'ordre des choses. Alors à quoi bon s'agiter?

Le commissaire ajoute aussitôt :

– Lenski, croyez-moi, c'est facile d'être un martyr. Ce qui est dur, c'est de faire ce que nous faisons.

– Votre foi est une prison, dit Olga.

Vous êtes incapable de voir le monde au-delà de votre cellule.

– Puis-je me dire prisonnier, demande Lenski, si j'ai l'impression d'être libre?

Olga Talberg ignore cette question et continue :

– Vous vouliez connaître les dangers de la foi? Eh bien, vous les avez sous les yeux. Vous vivez dans une illusion. Qui vous interdit de voir le monde tel qu'il est. Qui ridiculise votre intelligence. Vous avez choisi le confort du mensonge. Vous êtes aveugle et vous discutez des couleurs.

Le professeur répond aussitôt :

– Ce que vous appelez ma prison, je n'en vois pas les murs. Dieu ne m'emprisonne pas, il m'élargit, il me libère. Il me fait respirer au rythme de l'univers.

– Non, croire en Dieu, c'est limiter

l'homme. C'est refuser le risque de vivre et la liberté. C'est ne pas voir ce qu'il y a de beau, ce qu'il y a de fort dans notre solitude. Dieu est le fruit de la détresse humaine, de notre terreur et d'une très vague espérance. Il vous conduit à la faiblesse et il vous empêche d'agir.

– C'est exactement le contraire. Mais vous ne pouvez pas comprendre.

La psychologue élève le ton :

– Vous refusez d'entendre ce que je vous dis? Vous refusez, ou vous ne pouvez pas?

A ce moment, le téléphone sonne sur le bureau du commissaire, qui décroche. On l'entend dire :

– Allô?... Oui.

S'adressant aux autres :

– Excusez-moi...

Le commissaire paraît soucieux. Il dit :

– Alors, le docteur est venu?... Oui... Qu'est-ce qu'il a dit au juste?... Il pense qu'il faut l'emmener à l'hôpital, ou qu'on peut le garder à la maison?...

A peine la conversation téléphonique a-t-elle commencé que la psychologue se lève, fait le tour de son bureau et, s'adressant au professeur Lenski :

– Allons boire un thé, venez...

Surpris, Lenski hésite à la suivre. Elle insiste :

– Ça vous fera du bien, venez...

Il se décide à se lever et à la suivre. Le commissaire ne leur prête aucune attention.

Avant de quitter la pièce, Lenski fait un signe à sa femme et à sa fille : il va revenir.

Puis il suit la psychologue dans le couloir.

La psychologue dit au professeur :

– Fermez la porte.

Il lui obéit.

Au-dehors la nuit tombe. Le ciel est encore clair, mais les premières lumières sont allumées dans le jardin et dans la rue. On entend le bruit presque continu des voitures, quelques appels d'enfants.

La psychologue conduit Lenski jusqu'à une machine à distribuer le thé.

Pendant qu'ils se servent, elle murmure :

– Je suis contente de cet entracte. J'ai quelque chose à vous dire en tête à tête. Loin des micros.

Ils remplissent leurs gobelets. Elle demande :

– Vous savez ce que vous risquez?

Elle ajoute :

– Ils ne peuvent pas vous laisser partir si vous persistez.

Il la regarde sans rien dire.

Elle prend son thé et souffle dessus pour le refroidir. Elle s'écarte de la machine. Il la suit. Elle continue :

– Alors dites que vous avez compris. Dans votre intérêt. Dites que je vous ai convaincu. Qu'est-ce que ça vous coûte? Il s'agit d'une simple formalité. D'ailleurs, tout est formalité dans cette affaire.

Ils sont côte à côte, debout, leurs regards perdus sur la nuit qui tombe, au-dehors.

Tout au fond du couloir un policier en uniforme fait les cent pas.

Répondant à la suggestion de la psychologue, le professeur dit d'une voix calme :

– Vous savez bien que ce n'est pas possible.

– Pourquoi? Vous ne serez pas le premier.

Et comme il garde de nouveau le silence, elle ajoute en se tournant vers lui :

– Vous vous méfiez de moi. C'est normal. Mais ici je vous dis quelque chose de vrai. Que vous devez croire. Si vous vous obstinez, vous êtes en danger.

Elle parle d'une voix pressante, apparemment sincère.

Lenski lui dit, sans la regarder :

– Ils ne vont pas me jeter en prison parce que je crois en Dieu. Ils ne peuvent pas.

– Non, mais ils peuvent faire autre chose. Une chose à laquelle vous n'avez peut-être pas pensé.

L'allusion est inquiétante. Elle n'a pas échappé au professeur, qui regarde Olga pour lui dire :

– Votre mise en scène est transparente. Elle me laisse insensible. Je suppose que tout était prévu. Même cet entracte et vos confidences.

– Vous nous prêtez beaucoup d'astuce. Beaucoup de calcul. Tout cela vous rappelle un peu l'Inquisition, non? J'y pense quelquefois, moi aussi. Extirper la mauvaise herbe... Mais rassurez-vous, il n'est question ni de prison ni de torture.

– De quoi alors?

Elle garde un instant le silence, boit une gorgée de thé, puis lui dit :

– Il est question de vous soigner. De vous emmener quelque part et de soigner votre esprit malade. Il y a des spécialistes pour ça. Ils font des miracles.

Le professeur Lenski semble très frappé par ce qu'il vient d'apprendre.

Il laisse son regard errer sur le jardin et la rue, à travers la vitre.

La psychologue reprend :

– Un petit renoncement passager et vous sortez d'ici avec votre femme et votre enfant.

Après un court silence elle ajoute :

– Je n'ai rien de plus à vous dire.

La porte du bureau s'ouvre, la secrétaire apparaît et demande :

– Vous pouvez venir, s'il vous plaît?

Avant de rentrer dans le bureau, la psychologue conseille à voix basse au professeur :

– Ne renoncez pas tout de suite. Qu'on n'ait pas l'impression d'un accord entre nous. Attendez un peu.

Dans le bureau, une surprise attend le professeur Lenski. Deux nouveaux personnages sont là, qui le saluent quand il entre. Ce sont deux prêtres, ainsi qu'il apparaît à leurs vêtements sombres, à leurs cols blancs, aux petites croix métalliques qu'ils portent à leurs vestons. L'un est âgé, il peut avoir soixante ans, ses cheveux sont blancs.

L'autre est beaucoup plus jeune – une trentaine d'années, le visage maigre et pâle, le regard brillant.

Le commissaire les présente au professeur :

– Voici le père Serge et le frère Jean. Ils ont accepté de vous parler. Asseyez-vous.

Le professeur s'assied sur sa chaise, non sans un regard de surprise pour les prêtres. Ceux-ci le saluent d'un signe de tête et prennent place côte à côte, sur deux chaises, non loin du professeur. Le père Serge est le plus âgé.

Le commissaire dit à Lenski :

– Ce sont de vrais prêtres, n'ayez aucune crainte. Par une faveur tout à fait spéciale, ils ont écouté ce que nous avons déjà dit.

Le professeur se retourne vers le père Serge, qui lui sourit et lui dit :

– Nous étions dans une pièce voisine.

Tout le monde s'assied. Lenski hésite un instant à reprendre place sur sa chaise. Le commissaire répète :

– Asseyez-vous.

Lenski s'assied.

Le vieux prêtre lui dit, très amicalement :

– Vous avez dit des choses passionnantes, qui nous ont beaucoup touchés. Il est très rare de rencontrer une foi comme la vôtre. Très rare et très réconfortant.

Lenski lui demande brusquement :

– Êtes-vous ici pour me la faire perdre?

Le vieux prêtre prend son temps avant de répondre, très calmement :

– Je ne sais pas très bien pourquoi nous sommes ici. Ce ne sont pas des locaux que nous affectionnons. Mais monsieur le commissaire nous a demandé, comment dirais-je?... une consultation théologique.

– Exactement, dit le commissaire.

Le vieux prêtre reprend :

– Nous n'avions aucune raison de refuser. Bien sûr, notre présence doit vous sembler étrange, et moi-même je m'étonne un peu de me voir ici. Mais en apprenant qui vous êtes, votre fonction à l'Université, je me suis dit : Allons-y. Le cas est rare, il peut être intéressant. Et en effet, je ne me trompais pas.

Il marque un léger temps d'arrêt, toussote. Auprès de lui, le jeune frère Jean se tient immobile, ne regardant rien, le visage tendu et presque douloureux, puis affirme :

– Oui, très intéressant. Madame vous a très vivement, très habilement attaqué. Vous vous êtes bien défendu. A vrai dire, personne n'espérait convaincre l'autre.

– Que voulez-vous? demande Lenski.

Sur le visage du vieux prêtre, tout est bienveillance et douceur :

– Vous avez ce qu'on appelle une foi de catéchisme. Une foi à l'ancienne, si vous préférez. Rigide et totale. Je voudrais essayer de la préciser un peu, avec votre permission. Vous savez que de très puissants esprits, depuis longtemps, ont réfléchi sur la notion de Dieu. Peut-être pourrais-je vous en dire quelques mots. Si vous m'accordez, disons, une quinzaine de minutes. Ce qui est très peu pour un sujet pareil.

Lenski, toujours sur ses gardes, demande :

– Vous ne croyez pas en Dieu?

– Pardon?

Le père Serge paraît ne pas avoir entendu. Le professeur répète :

– Vous ne croyez pas en Dieu?

– Comment ne croirais-je pas en Dieu, moi qui suis son représentant? Bien sûr, je crois en Dieu. Mais je voudrais vous dire en quel Dieu je crois.

– Il y en a plusieurs?

– Oui.

Le vieux prêtre demande au commissaire :

– Je peux commencer?

– Quand vous voudrez.

Le père Serge revient à Lenski :

– Il y a d'abord le Dieu des philosophes. Je ne vous en dirai rien, car il a fini par disparaître. On l'avait mis à toutes les sauces, comprenez-vous, selon l'époque, selon les humeurs du moment. Avec son essence, avec ses attributs. Rappelez-vous : tous ces portraits de

Dieu faits par des hommes. Et finalement il est mort. Ce Dieu-là est mort. Bon débarras. Il y a aussi le Dieu des mystiques, celui auquel on parvient dans la solitude, au terme d'un chemin souvent sombre et pénible. Le Dieu du contact direct, du tête-à-tête céleste. Je ne vous en parle pas, ce n'est pas le vôtre. Et ce n'est pas le mien non plus.

Encore une pause, puis :

– Il reste l'autre. Qui est le vôtre et le mien.

Il toussote à nouveau, puis reprend à l'intention du professeur :

– Je vous écoutais, tout à l'heure, quand vous parliez, assez maladroitement, des rapports de la foi et de la raison. Revenons un peu là-dessus. La question est la suivante : est-ce que, sur le chemin de la foi, nous commençons par raisonner, par nous dire : un Dieu est-il nécessaire? Est-ce que l'élan sentimental, qui est indispensable, ne vient qu'ensuite? Autrement dit, est-ce que la foi est fille de la raison? Ou bien au contraire est-ce que tout commence par une illumination brutale et inexplicable, qui vous renverse, comme saint Paul sur le chemin de Damas, et qui vous fait battre le cœur? Vieille question, très longtemps débattue. Je suis prêt à vous accorder que tout commence par la foi, par cette évidence soudaine, que vous appelez une main tendue. Mais ensuite, et c'est inévitable, on cherche à faire coïncider cette foi brûlante avec sa raison. Ce fut l'immense travail du grand saint Thomas d'Aquin, par exemple.

Il se tourne brusquement vers le commissaire et lui dit :

– Et il en est ainsi pour toute foi. On croit d'abord, on se justifie ensuite.

– Je vous dispense de vos allusions, répond avec sévérité le commissaire.

– Elles sont pourtant nécessaires.

Impossible de dire si la soudaine agression du vieux prêtre est sincère, ou s'il s'agit d'une connivence.

Le commissaire répond :

– Nous vivons dans un processus historique qui conduit inévitablement à la victoire de nos idées. Si nous croyons à quelque chose, c'est parce que nous avons pris conscience de ce processus.

La psychologue l'appuie aussitôt :

– Notre foi, comme vous dites, n'a pas jailli un beau jour du néant. Elle est le produit de notre raison. Contrairement à la vôtre.

Le père Serge répond sans perdre son calme :

– A plusieurs reprises les chrétiens ont été persuadés qu'ils étaient le vent de l'histoire. Ils parlaient exactement comme vous.

– Oui, dit Olga, il fut un temps où l'Église était forte. Où elle avait toute la certitude. Où elle brûlait les hérétiques.

– Madame, je ne suis pas de ceux qui regrettent ce temps-là. Et Dieu n'écrit pas un livre d'histoire. J'ajoute une chose : les tribunaux d'autrefois se sont retournés, nous le voyons tous. Mais aujourd'hui j'accepte votre pouvoir. D'ailleurs vous ne l'auriez pas, si Dieu ne vous l'avait pas donné. Dieu vous aime, autant que nous, sinon plus. Et comme vous ne savez pas ce que vous faites, il vous pardonne.

– Vous vous égarez, remarque le commissaire.

– Vous avez raison.

Le père Serge continue, s'adressant à Lenski et à la psychologue :

– Je reviens sur un point qui me semble essentiel. Comme vous l'avez dit tous les deux, l'intelligence nous a été donnée par Dieu pour tout comprendre, tout analyser, tout défier. Aucun territoire n'est interdit à cette intelligence, pas même celui de la foi. En même temps, remarquez bien le premier danger. La foi, quand je commence à l'analyser, perd sa naïveté, son évidence, sa forte lumière intérieure. Saint Thomas ouvre la porte aux raisonneurs, aux coupeurs de cheveux en quatre.

La psychologue lui demande :

– Vous voulez dire qu'il a été le premier athée?

– On l'a prétendu. Mais c'est une plaisanterie.

Puis, s'adressant à Lenski :

– Tout cela pour vous rappeler que les croyances qui font cortège à votre foi ont été imaginées, la plupart du temps, par des hommes. Pour essayer de familiariser le prodigieux mystère qui les habitait. Comprendre, c'est approcher. La théologie est une œuvre humaine. Vous me comprenez?

– Oui, répond le professeur.

– Comme toute œuvre humaine, elle est tristement soumise au temps qui passe. Elle vieillit, plus ou moins bien.

Le professeur Lenski ne dit plus rien. Il suit très attentivement la démonstration du vieux prêtre :

– J'ai autre chose à vous dire. Cela concerne Dieu. Il est bien vrai qu'on ne peut pas parler de Dieu. Car Dieu est tout. Il est l'air qui remplit cette pièce, il est vous et moi, il est ce tableau sur le mur, et la montagne qu'il représente...

Il se tourne vers le commissaire :

– ...il est la cigarette que vous fumez, il est le cancer qui vous ronge peut-être, il est même la conscience obscure que vous en avez.

Puis il revient à Lenski :

– Cela, vous l'avez bien dit. La serrure et la clé. Parfait. Infiniment grand et infiniment petit, nous ne pouvons pas savoir ce qu'est Dieu. Mais nous pouvons savoir ce que nous avons fait de lui. Vous êtes d'accord?

– Oui.

– Et nous voyons tout de suite que

dans toute croyance, dans la vôtre par exemple, il y a deux notions différentes, très différentes, de Dieu. Tout au long de votre interrogatoire, vous les avez mélangées. C'est un peu dommage.

– Quelles notions? demande Platna, comme si cela l'intéressait.

Le père Serge reprend :

– La première, c'est le dieu créateur du monde, organisateur du cosmos, celui qu'on appelait autrefois le grand horloger. Le deuxième, c'est le dieu moral, qui examine et juge toutes les actions, et même toutes les intentions humaines. Qui nous récompense après notre mort, ou qui nous punit. Vous comprenez bien que ces deux notions sont très différentes. Elles ne sont pas nécessairement liées. D'ailleurs, seules les religions monothéistes les ont vraiment soudées, portant du même coup jusqu'à l'infini, jusqu'à l'inconcevable, la toute-puissance de Dieu. Est-ce que vous me suivez?

– Très bien, dit Olga.

– J'essaye de ne pas tomber dans le pathos.

– Vous êtes très clair, affirme la psychologue.

– Donc, le juge et l'horloger. Étrange amalgame de professions. Ce que je dois ajouter, mais vous m'avez déjà compris, c'est que, tandis que passent les siècles, le sens des mots se modifie, comme les coutumes, comme les lois. Dieu n'est plus tout à fait ce qu'il était cent ans plus tôt. Ce qu'il était l'année dernière. Dira-t-on aujourd'hui qu'il soupèse chacune de nos actions, et chacune de nos pensées, pour nous donner cinquante ou cent années de purgatoire? Non, certainement pas. On dira par exemple qu'il existe entre les hommes une sorte de sentiment du bien et du mal, qui leur est commun, qui les unit, et auquel on peut donner le nom de Dieu.

S'adressant à Olga :

– Si vous vous sentez un désir de faire l'aumône à un misérable, ce désir, vous pouvez l'appeler Dieu.

Puis, se tournant vers le commissaire :

– Si au contraire vous vous sentez l'envie d'assommer quelqu'un dans la rue, de faire un croc-en-jambe à une vieille femme, cette envie, vous pouvez l'appeler le diable.

Revenant au professeur :

– Vous savez, professeur, que les savants modernes ont reconnu quelque chose de mal dans la nature humaine. Cette agressivité, que nous possédons tous, c'est peut-être le péché originel, après tout.

Il sourit, comme s'il venait de faire une plaisanterie, mais il est le seul à sourire.

– D'un autre côté, les scientifiques nous le disent, et ils se disent même stupéfaits de le découvrir, il existe un ordre dans les choses. Des plus grandes aux plus petites. Un ordre raffiné, une singulière merveille. Cet ordre, qu'aucune science ne peut expliquer, on peut l'appeler Dieu. L'explosion qui a créé le monde, et qui continue sans doute à le créer, la sublime force initiale qui compose les galaxies et les éparpille vers l'infini, cette force, on peut aussi l'appeler Dieu. On peut aussi appeler Dieu l'équilibre de la nature, les habitudes des insectes, l'abeille qui féconde les fleurs. Vous voyez, nous ne sommes pas très loin de l'écologie.

S'adressant toujours à Lenski :

– Jusqu'à maintenant, nous sommes d'accord, n'est-ce pas?

Lenski ne répond rien.

Le père Serge continue :

– Si donc la notion de Dieu peut varier, que dire alors des représentations de Dieu qui nous viennent des temps anciens? Des images que contient ce livre par exemple?

Il montre du doigt le missel et ajoute :

– Tout cela, c'est une façon de penser, et une façon de parler. La théologie est une mode, au sens profond du mot. Passagère, comme toutes les modes.

Lenski lui dit alors avec conviction :

– Non. Pas pour moi. Je crois à la vérité de chacune de ces images.

Avec un étonnement apparent, le père Serge lui demande :

– Vous parlez sérieusement?

– Vous le savez bien.

– De vous à moi, reprend le vieux prêtre, il est très improbable, professeur Lenski, qu'il existe dans les étoiles un grand vieillard à barbe blanche. Dieu s'est replié à l'intérieur de nous-mêmes. Je ne sais pas si vous me comprenez, mais aujourd'hui le credo qualifie le creditum. Autrefois, c'était le contraire.

– Non, je ne comprends pas, dit le professeur.

Et le commissaire ajoute :

– Moi non plus.

Le père Serge :

– Ce que nous croyons, l'objet de notre foi, dépend de plus en plus de nous. Les vérités éternelles sont de plus en plus relatives. Nous décidons de ce que nous croyons.

– Non, dit Lenski. Pas moi. Je ne peux pas aller contre ma foi. Le vieux chemin de la compromission, je le refuse. Je crois, je n'y peux rien. Je ne peux pas croire autre chose.

– Ne dites pas : Je n'y peux rien. Vous pouvez tout croire ou ne rien croire. Dieu vous a donné ce pouvoir.

– Mais puisque mon salut est à ma portée, comment pourrais-je y renoncer?

– Ce n'est pas ce que je vous demande.

Lenski regarde fermement le père Serge :

– Au fond, vous ne croyez pas en Dieu. C'est pour ça que vous êtes là. Dans une minute vous allez me dire : se trouver face à face avec Dieu, c'est se trouver en face de soi-même. Il y a cette solitude en vous, au plus profond.

– Vous pensez que le dogme existe en soi et qu'il s'impose à nous jusqu'au moindre détail?

– Oui.

– Je prends un exemple : vous ne croyez pas à la résurrection des corps, tout de même?

– Si.

Le vieux prêtre regarde la psychologue et le commissaire. Celui-ci lui adresse un signe discret, comme pour lui signifier : Je vous l'avais bien dit.

Le prêtre insiste auprès du professeur :

– Vous croyez que vous ressusciterez, pour le jugement dernier, tel que vous êtes aujourd'hui, avec vos bras, vos jambes, vos cheveux?

– Oui.

– Vous croyez à la virginité de Marie?

– Oui.

– Au purgatoire?

– Oui.

– Vous ne croyez pas au diable, tout de même?

– Si.

– Vous croyez à l'existence du diable?

– Oui.

Le commissaire s'écrie, irrité :

– Mais même le pape n'y croit plus!

Le vieux prêtre – qui n'apprécie guère cette interruption – jette un regard assez froid au commissaire, et revient au professeur :

– Professeur, avec votre permission, frère Jean va vous raconter son rêve.

Le jeune prêtre reste un instant silencieux, comme s'il se concentrait, avant de dire :

– J'ai eu ce rêve il y a huit jours, mais il m'est impossible de l'oublier. Je me suis réveillé couvert de sueur, le cœur battant comme si j'étais fou.

– Qu'avez-vous rêvé? demande Olga.

– Jamais je n'ai connu une telle angoisse. Elle est inexprimable et ne me quitte pas. Toutes les nuits quand je vais m'endormir, je crains le retour de ce rêve.

La psychologue insiste, impatiente :

– Mais quel rêve?

– J'ai rêvé que j'étais damné. Damné pour l'éternité. Sans aucun espoir de salut.

Olga lui demande :

– Saviez-vous pourquoi?

– Non.

– Et qu'avez-vous vu ? Quelles images ?

– Aucune image. Ce qu'il y avait de plus angoissant, de vraiment atroce, c'était l'absence totale d'images. Je faisais un rêve noir et vide. Je glissais lentement et infiniment dans une sorte d'obscurité creuse. Je cherchais avec désespoir à voir quelque chose, je ne voyais rien. Je voulais toucher, je voulais sentir, je ne sentais rien. Mais je savais que j'étais damné et je comprenais enfin le sens de la vieille parole : L'enfer, c'est la privation de la lumière de Dieu. C'est le néant, qui est insupportable.

– Et c'était tout? demande Olga.

– Oui.

Le commissaire intervient :

– Mais alors les démons, les fourches, les grandes bassines de feu?

Le vieux prêtre fait un petit geste de la main et répond avec un sourire :

– Folklore...

Frère Jean reprend aussitôt :

– Du même coup j'ai compris toute la force du problème. C'est pourquoi je suis encore troublé.

– Explique-toi, dit le père Serge.

– Je suis habité par un sens de l'infini.

– Oui, dit le vieux prêtre.

– Quand je ferme les yeux, ma raison se perd dans des terres lointaines. J'imagine des choses que je ne connais pas, que je ne connaîtrai jamais. Alors je me dis...

Il regarde Lenski :

– ...comme vous : C'est Dieu qui imagine en moi. Ces rêves d'infini ne peuvent être que son œuvre. Je ne peux pas imaginer l'inimaginable. Lui seul le peut. A d'autres moments...

Il se tourne vers la psychologue :

– ...je pense presque comme vous. Que je suis un homme et rien qu'un homme. Que mon esprit chevauche l'impossible, qu'il danse sur des frontières imprécises, et qu'il en est ainsi pour chacun de mes semblables. Cette lumière vague qui nous attire et nous fuit, viendrait-elle de nous? Quelquefois je me le demande. Tout ce que je sais, après mon rêve, c'est qu'à aucun prix je ne voudrais la perdre.

Le vieux prêtre :

– J'ai demandé au frère Jean de venir avec moi car il me semble un bel exemple de chrétien d'aujourd'hui. Je parle de sa sincérité, des questions qu'il se pose, de son pouvoir d'adaptation. Aujourd'hui, ce qui compte le plus pour nous, c'est de déchiffrer le sens actuel d'un texte du passé, de nous dire : Dieu habite dans notre cœur. Qu'il soit né de notre désir obscur ou qu'il existe vraiment là-bas, qu'il soit la nature, qu'il soit notre sentiment commun du bien et du mal, qu'il soit l'univers tout entier, au fond qu'est-ce que ça change pour notre vie? Ce qui compte, c'est le sens que nous donnons à Dieu dans un monde qui se déchire. Comment vivre? C'est la seule question. Hier, Dieu représentait la conquête et l'autorité. Aujourd'hui, il est dévouement et sacrifice, il est fraternité et charité. Voilà l'essentiel, professeur.

Le professeur dit avec fermeté :

– Non. Je comprends ce que vous dites, mais je ne peux pas vous approuver. On ne peut pas dire : Dieu, c'est n'importe quoi. On ne décide pas de

Dieu. On ne l'adapte pas. Votre foi est une idéologie parmi d'autres.

– Je n'aime pas ce mot, avoue le père Serge.

Le professeur reprend :

– Vous vous y habituerez.

La psychologue pose une autre question :

– Professeur, vous savez comment s'appelle cette obstination poussée à l'extrême?

– Vous allez me le dire.

– Une fixation, ou une manie.

– C'est si facile de déclarer fous ceux qui ne pensent pas comme vous.

Olga lui fait remarquer :

– C'est vous qui vous placez en dehors des normes. Ce n'est pas moi. On dirait même que vous y prenez un certain plaisir.

– Votre psychologie me fait rire. Vous

passez votre temps à classer les âmes dans de petits tiroirs, mais elles s'en échappent toutes. Dieu est le seul à y voir clair.

La psychologue lui dit alors :

– Vous posiez la question au début, vous vous rappelez? Sommes-nous de la même chair et du même sang? Est-ce que nos esprits sont différents? Eh bien oui, de toute évidence. Nous voyons, nous entendons les mêmes choses, mais les uns gardent la tête claire, pendant que vous vous égarez.

– Simple question de rapports de force, dit Lenski.

– Certainement pas, c'est une question de déséquilibre mental. Qui menace notre cohérence sociale. Comprenez bien ça.

Alors Lenski se laisse emporter :

– Un jour vous déclarerez fous, et

vous enfermerez dans des asiles tous ceux qui ne seront pas d'accord! Tous ceux qui penseront, qui sentiront différemment! Les révoltés comme les rêveurs, les mécontents, et même les grévistes! Vous direz : ils sont tous malades! C'est notre devoir de les soigner!

Olga à son tour élève la voix :

– Mais qu'est-ce que c'est que ce délire? Imaginez-vous qu'on laissera en place, à l'Université, un paranoïaque?

Lenski est si surpris par ce mot qu'il ne trouve rien à répondre. Sa femme alors se lève et s'approche de lui.

La secrétaire, d'elle-même, barre une ligne qu'elle vient d'écrire.

Le vieux prêtre, en un dernier effort de conciliation, lui dit :

– Professeur, écoutez-moi une dernière fois.

– Oui, je vous écoute.

– Vous avez employé le mot « facile ». Et je comprends très bien votre exigence. Mais d'abord on peut retourner l'accusation et vous dire : le confort intellectuel, c'est le vôtre. Vous êtes bien au chaud dans votre foi, et vous avez réponse à tout. Ne croyez pas qu'il soit facile d'être un vrai chrétien par les temps qui courent. Bien au contraire. Il est plus que jamais difficile de concilier l'autonomie, la liberté de l'homme, et cette foi qui nous serait donnée de l'extérieur. De concilier notre désir de connaître, de dominer la nature et notre confiance nécessaire en la Providence, qui nous dépasse. Plus difficile que jamais, professeur, de faire coïncider la cité humaine, que nous construisons selon nos rêves, selon notre idéal, et la cité de Dieu, que nous essayons d'imaginer mais qui au fond nous demeure inconnue. Nous savons tous que nos illusions sont toutes-puissantes. Que l'erreur a plus de force que la vérité. Pas besoin d'être psychologue pour ça. Mais l'au-delà est peut-être en nous. Vous devez l'admettre. D'abord en nous.

Lenski lui demande avec une véritable inquiétude :

– Comment pouvez-vous dire que je suis dans l'erreur?

– Personne n'a jamais vu Dieu, répond le vieux prêtre. Je vous le répète. Nous devons le trouver d'abord en nous-mêmes.

La femme du professeur intervient alors :

– Je ne comprends pas tout ce qu'ils te disent, mais il me semble qu'ils ont raison. Écoute-les.

– Je ne peux pas. Si je les écoute, je suis perdu. Ma vie n'a plus de sens.

Mme Lenski montre leur fille Sonia et demande :

– Est-ce que nous ne faisons pas partie de ta vie?

Olga lance une idée nouvelle :

– Vous allez nous forcer à commettre un acte contraire à la charité. Un acte que votre dieu réprouve. Vous allez nous forcer à commettre un péché. Est-ce exact?

Tous les regards se portent sur Lenski, qui ne dit rien. Le père Serge reprend :

– Il préfère se taire, comme le Christ devant Pilate.

– Un jour vous ne croirez plus en Dieu, dit le commissaire. Vous vous demanderez même : Comment ai-je pu croire? Comment ai-je pu être aussi bête?

Mais Lenski déclare alors, avec gravité :

– Depuis que j'ai reçu votre convocation, je sais que le jour de mon témoignage est venu. Le jour où Dieu a besoin de moi, c'est aujourd'hui. Je n'ai pas le droit de le décevoir.

Sa femme se penche vers lui :

– Alexandre, tu me fais peur, je t'en supplie, c'est grave, rentre avec nous à la maison.

– Écoutez votre femme, lui dit le commissaire. Vous ne pouvez pas avoir raison contre nous tous.

Lenski se dresse brusquement et s'écrie :

– Mais arrêtez! Taisez-vous! Qu'est-ce que vous voulez? Me rendre vraiment fou? Vous avez convoqué des prêtres :

et les médecins, où ils sont? Ils attendent aussi dans la pièce voisine, devant un écran de télévision?

Il montre du doigt une caméra fixée au plafond de la pièce. Autour de lui, le silence. Ce silence semble indiquer qu'il a touché juste.

Du bout de son crayon, la secrétaire touche le bras du commissaire, qui se retourne vers elle. Elle lui demande d'un regard si elle doit écrire. Il lui répond d'un signe négatif.

Après une pause assez brève, Lenski reprend, très animé, allant de l'un à l'autre :

– Vous ne trouvez pas qu'il y a assez de sécheresse dans le monde? Assez d'isolement? Assez de médiocrité? La terre est chaque jour plus petite. Elle se perd dans un océan d'étoiles où je ne suis rien. Et vous non plus. Alors pourquoi me refuser une porte ouverte? Une chance d'infini? Pourquoi? Qui ai-je menacé? A qui ai-je fait du mal? Pourquoi toujours refermer plus étroitement le couvercle de la boîte où nous étouffons? Aucune science, aucune technique, aucune expression, aucune poésie ne peut aller aussi loin que ma foi! Elle a les ailes les plus larges! Elle m'emporte très loin d'ici, loin de vos dossiers, de vos fiches, de vos appareils...

Tout d'un coup il se précipite vers les bureaux du commissaire et de la psychologue. A grands gestes, il balaye les papiers, les objets, en criant :

– Allez! Jetez-moi tout ça! Qu'est-ce que vous attendez? Jetez tout! Ça ne sert à rien!

En quelques pas rapides, le policier en uniforme s'approche de lui et le saisit. Lenski résiste pendant quelques secondes.

Le commissaire fait rapidement le tour de son bureau et vient prêter main-forte au policier.

Ils maîtrisent le professeur Lenski. Celui-ci, brusquement, cesse toute résistance et dit :

– Je vous demande pardon.

Le policier échange un regard avec le commissaire et lâche les bras de Lenski.

Le professeur va se rasseoir sur sa chaise et reste un moment la tête basse.

La secrétaire ramasse les documents épars et tente de les remettre en place.

Le vieux prêtre pose une main sur l'épaule du professeur et lui dit :

– Ressaisissez-vous.

Lenski reste silencieux.

Le commissaire s'adresse à lui :

– Il n'est pas interdit de croire, au contraire. Mais vous voyez où cela vous emporte?

– Je vais mieux, dit le professeur.

– Vous savez, ajoute Platna, on vous demande peu de chose. Gardez ce que vous voulez dans votre cœur. Mais ne dites plus que vous croyez en Dieu.

Avec un geste vers le missel :

– Renoncez à tout ce fatras.

Lenski se tourne vers le vieux prêtre, comme s'il cherchait son appui. Le père Serge lui dit :

– Il faut vivre parmi les hommes, professeur. Il faut leur accorder, quand c'est possible, ce qu'ils demandent.

Lenski secoue la tête :

– Je ne peux pas.

– Pourquoi?

– Je ne peux pas renoncer à la plus petite partie de Dieu.

– Mais Dieu, lui dit le père Serge, Dieu ce n'est pas ça. Vous nous parlez de rêveries dessinées jadis par des hommes.

– Oui, mais c'est mon chemin. Je n'en connais pas d'autre. J'avance le long de ce chemin, où des lumières éclairent mes pas. Si je m'écarte de ce chemin, je suis perdu, Dieu m'abandonne.

C'est au tour de la psychologue de s'emporter, de se lever, de taper sur la table :

– Mais vous n'avez pas bientôt fini avec Dieu? Avec le salut et la vie éternelle? Avec toutes ces vieilles stupidités! Et vous savez, au fond, que tout ça c'est idiot! Vous ne trouvez rien à dire! Vous ne pouvez que répéter bêtement : je crois, je crois! Ouvrez les yeux, professeur! Vous êtes ici, sur la terre, obligé de vivre et de mourir, comme nous!

Le professeur lui répond doucement :

– Non. Pas tout à fait comme vous.

– C'est-à-dire?

– Si la mort était la mort je ne verrais aucune raison de vivre. Mais la vie éternelle m'a été promise. C'est vers elle que je marche. Les anges de Dieu m'accompagnent, ils guident mes pas dans les ténèbres, et il me semble de temps en temps qu'une main légère corrige ma marche.

– Êtes-vous encore parmi nous? dit la psychologue. Est-ce que vous vous rendez compte que nous ne pouvons pas accepter ce langage?

Il semble ne pas l'avoir entendue quand il répond :

– Ma mort ne sera pas comme la vôtre.

– Dites-moi la différence.

– Tout ce que vous pouvez espérer, c'est de mourir avec sagesse. Moi, je sais que je mourrai avec joie.

Le commissaire semble encore vouloir l'aider :

– Pour la dernière fois, revenez sur terre et ouvrez les yeux.

– Mes yeux sont plus ouverts que les vôtres.

– Notre terre est toute petite, mais c'est tout ce que nous avons. C'est tout ce qui nous intéresse. C'est ici qu'il nous faut travailler.

– Vous vous trompez d'époque, ajoute Olga. Réveillez-vous.

Et le commissaire lui propose :

– Voulez-vous dix minutes pour réfléchir un peu?

Il ne répond pas. Olga lui dit encore, presque suppliante :

CREDO

– Professeur, pour la dernière fois, sauvez-vous.

Alors le professeur Lenski se laisse glisser de sa chaise et tombe à genoux sur le sol.

Lentement, d'une voix basse et calme, les yeux mi-clos, il commence à dire :

– Je crois en Dieu le père tout-puissant, créateur du ciel et de la terre, et en Jésus-Christ son fils unique, notre sauveur, qui a été conçu du Saint-Esprit, est né de la Vierge Marie, a souffert sous Ponce Pilate, a été crucifié, est mort, a été enseveli, est descendu aux enfers... Le troisième jour il est ressuscité des morts et il est monté aux cieux... Il siège à la droite de Dieu, le père tout-puissant, d'où il viendra juger les vivants et les morts. Je crois au Saint-Esprit, à la Sainte Église catholique...

Le visage calme et recueilli, Lenski termine son credo :

– ...à la communion des saints, à la rémission des péchés, à la résurrection de la chair et à la vie éternelle. Amen.

Les autres le regardent sans bouger.

Il se tait. Un long silence s'installe.

Deux silhouettes blanches entrent alors dans la pièce. Ce sont des médecins.

Le professeur ne se retourne pas. Il prie en silence.

Sa femme s'approche une nouvelle fois de lui. Elle veut lui parler, mais elle ne peut pas. Le policier vient la saisir d'une main. Elle se laisse écarter sans résistance.

Quand un des médecins pose une

main sur son épaule, Lenski sursaute légèrement, mais sans se défendre. Il fait rapidement un signe de croix et se lève. Les hommes aux blouses blanches, qui l'encadrent, le conduisent jusqu'à la porte du fond. Il se laisse faire. Il sort.

Le commissaire dit à la femme du professeur :

– Vous pouvez rentrer chez vous, maintenant. Nous ne vous laisserons pas sans nouvelles.

– Merci...

Elle sort en emmenant sa petite fille. Sur un geste du commissaire, le policier les accompagne.

Le vieux prêtre demande au commissaire :

– Vous n'avez plus besoin de nous?

– Non.

Le père Serge, avant de sortir, pose une dernière question :

– Pourquoi vous vous donnez tant de mal? Il ne vaudrait pas mieux les laisser croire ce qu'ils veulent?

– Ce n'est pas à nous d'en décider, dit simplement le commissaire.

Les deux prêtres s'inclinent et sortent sans un mot de plus. Quand ils sont sur le pas de la porte, le commissaire leur demande :

– Vous voulez une voiture pour vous raccompagner?

– Merci, répond presque sèchement le père Serge. Nous rentrerons à pied.

La secrétaire achève de ramasser les documents et les objets renversés par Lenski.

La psychologue met son manteau et son écharpe de laine.

Le commissaire enfile également son manteau. Parmi les documents ramassés par la secrétaire, il voit une fiche au nom de Lenski, avec une photographie du professeur.

Le commissaire regarde un instant le visage du professeur.

La psychologue lui dit :

– J'espère qu'on le guérira.

– En général on les guérit.

Il referme le dossier.

La secrétaire, qui continue son rangement, lui demande en montrant son bloc-notes :

– Vous voulez que je tape tout ça, demain?

Le commissaire échange un regard avec la psychologue avant de répondre :

– Non, pas la peine. Mais gardez-le, on ne sait jamais.

La psychologue et le commissaire se dirigent côte à côte vers la porte. La psychologue lui demande :

– Ce n'est pas grave, ton fils?

– Non, le docteur dit que non.

– Tu l'embrasses pour moi.

– D'accord.

Sur le pas de la porte il se retourne et dit à la secrétaire :

– Vous penserez à éteindre?

– Oui, monsieur.

– A demain.

– A demain, monsieur.

La secrétaire reste seule. Elle a presque fini de ranger.

Sur le bureau du commissaire, il reste le livre de prières et le chapelet. Elle ouvre un instant le missel.

Entre ses doigts surgissent les images

pieuses, naïves et colorées, assez anciennes, qui sont glissées entre les pages. Elle les regarde avec une curiosité, une incertitude, une crainte vague.

Puis elle referme le livre et le place dans un tiroir, avec le chapelet.

Elle prend rapidement ses vêtements, jette un dernier coup d'œil sur la pièce et éteint les lampes avant de sortir.

Le film *Credo,* écrit par Jean-Claude Carrière et réalisé par Jacques Deray, a été diffusé sur Antenne 2 le 26 janvier 1983. La distribution était la suivante :

Professeur Lenski....J.-L. Trintignant
Olga Talberg............Nicole Courcel
*Commissaire Platna.*Bernard Haller

Madame Lenski.......Claudine Auger
Père Serge................Jean Bouise
Frère Jean................François Marthouret
Professeur Antonin...André Falcon
La petite Sonia........Virginie Arzul
La secrétaire............Laura Duke

CET OUVRAGE A ÉTÉ COMPOSÉ ET ACHEVÉ D'IMPRIMER
PAR L'IMPRIMERIE FLOCH À MAYENNE (FRANCE)
LE 5 MAI 1983

D.L. MAI 1983. N° D'IMP. 20782.
HSC 83.5.67.0872.1
ISBN 2.7158.0429.6